AF142025

Andreas

NATACHA

Andreas

Lorsque l'enfance s'arrête (2002)

Des maux dits à la délivrance (2016)

Je dédie ce livre à vous mes filles Lou et Adèle afin qu'un jour, quand vous serez plus grandes, vous puissiez lire l'histoire de votre frère ange Andreas ! Et aussi que vous puissiez comprendre ce qu'il s'est passé, pour qu'il n'y ait aucun tabou entre nous. Vous devez savoir la vérité.

Introduction

Après deux livres témoignage sur les abus sexuels, je décide aujourd'hui de vous livrer le témoignage sur un autre sujet qui est aussi douloureux. Je veux vous raconter mon récit de ce que j'ai vécu à ma deuxième grossesse afin de ne jamais oublier ce que j'ai vécu en 2012.

Ce livre me servira de thérapie, afin de pouvoir sortir une fois pour toutes ce que je ressens et le poser délicatement sur le papier.
Moi, maman qui ai dû prendre la pire des décisions de ma vie.

Pourquoi écrire un livre sur ce sujet qu'est l'interruption de grossesse ? Pourquoi ressasser le passé ? J'ai besoin de l'écrire, besoin de le poser sur du papier. Aussi parce que j'ai peur de l'oublier, peur de me réveiller un jour avec une perte de mémoire.

Je décide d'écrire ce livre, pour que toutes les personnes qui ont pu nous juger et nous jugent encore, qui commentent la décision que nous avons prise puissent enfin savoir ce qu'il s'est vraiment passé. Je veux que chacun puisse vivre à travers mon témoignage ce que j'ai pu ressentir à toutes les étapes de ma grossesse. Je vous emmène avec moi dans ces douloureux souvenirs ! Je souhaite que les personnes qui devront prendre un jour cette décision sachent réellement comment ça se passe.

Je commence cette thérapie le lundi 2 janvier 2017, avec vous. Aujourd'hui il neige, quelques flocons descendent du ciel, je suis contente de commencer ce livre avec cette météo. Mais pourquoi vous demandez-vous ? Pour ce texte que j'avais lu le premier hiver après le décès de mon fils. Un texte qui m'avait fait du bien, un texte magnifique qui vous emporte avec lui dans une autre dimension. Je vais commencer mon livre par celui-ci.

Plumes

*E*tant enfant, chaque année à l'approche de Noël, j'allais passer quelques jours chez ma grand-mère. Ces moments précieux constituaient pour moi le moment le plus attendu de l'année. C'était souvent pour elle, l'occasion d'une tendre complicité avec moi et c'était également là l'occasion de se livrer des secrets.

Un soir, après le repas, nous nous étions assises toutes les deux près du poêle rougissant qui réchauffait tous les cœurs de la maison. Il faisait très froid dehors.

Ma grand-mère me demanda :

- Dis-moi connais-tu le Père Noël ?

Je lui répondis :

- Évidemment ! Il me rapporte des cadeaux tous les ans parce que je suis sage !

Ma grand-mère insista :

- Oui, mais, le connais-tu vraiment ?

Mon silence fit comprendre à ma grand-mère que je n'en savais pas beaucoup plus sur le Père Noël et que surtout j'étais disposée à écouter son récit. C'est alors qu'elle me livra un grand secret.

- Sais-tu ma chérie, que le Père Noël est un homme au grand cœur ? Il existe quelque part un royaume inaccessible où vivent de nombreux Petits Anges.

- Qui sont-ils, ces Petits Anges, grand-mère ? Demandai-je.

- Ce sont des enfants, de tout-petits enfants mais aussi des plus grands qui ont dû quitter précipitamment leur vie terrestre.

Je vis à cet instant, dans les yeux de ma grand-mère, une forme de mélancolie que je ne lui avais jamais connu auparavant. Je lui dis :

- Alors ils n'ont plus de parents ? Ils doivent être très tristes et se sentir bien seuls ?

Elle s'empressa de me répondre :

- Non, non, car ils reçoivent régulièrement la visite ! Et sais-tu qui vient les voir ?

- Non grand-mère, dis-moi qui !

- Et bien c'est le Père Noël ! Dès qu'il en a l'occasion, il se rend dans ce lieu merveilleux, les bras chargés de...

- De jouets !!!

- Non ! D'images, de souvenirs... Il leur apporte également de l'amour, qu'il a précieusement recueilli auprès de chaque personne près de qui, un jour, il s'est posé quelques instants... Le temps nécessaire... Juste ce qu'il faut pour saisir ce petit quelque chose qui rend les Petits Anges tellement heureux ! Et tu sais quoi ? Lorsqu'ils voient le Père Noël arriver, les petits Anges sont tellement heureux de sa visite qu'ils s'empressent d'aller à sa rencontre ! Tous s'envolent si rapidement que quelques plumes s'échappent de leurs gracieuses ailes. Ces petites plumes retombent tout doucement, emportant avec elles la joie des Petits Anges !

C'est alors que grand-mère posa son regard au-delà de la fenêtre et elle me dit :

- Regarde ! Il neige !

Je répondis à ma grand-mère :

- Oui, c'est magique ! Je comprends maintenant pourquoi sur terre, tous les enfants sont joyeux quand il neige ! Ce sont les plumes des Petits Anges qui retombent !

Un magnifique sourire illumina le visage de ma grand-mère qui parut sereine et apaisée.

Ce soir-là, ma grand-mère me fit le cadeau le plus merveilleux qui soit au monde. Depuis, lorsque la neige se met à tomber, je pense à tous ces Petits Anges et à l'amour et la joie qu'ils apportent dans nos cœurs.

Cécile Leclercq

Alors ce soir, en regardant par la fenêtre, je pense fort à tous ces Bébés Ange et j'espère qu'ils s'amusent dans les cieux. Pour les familles qui restent sur la terre, je pense que cela fait du bien de lire ce genre de texte. Cela nous permet de nous évader et de nous sentir mieux pendant quelques minutes.

Je pense à vous chère famille où il manque un être ou plusieurs êtres. J'espère que ce livre vous apportera un soutien.

Ta création

Je suis à nouveau enceinte, ma première fille Lou a un an et demi. Je suis contente, dans neuf mois, elle ne sera plus toute seule, elle deviendra grande sœur. On a de la chance, je peux m'occuper de ma fille, je suis maman de jour chez moi à la maison. Ma fille a une copine et un copain de jeux du même âge.

Elle est contente. De la voir heureuse est si merveilleux !

Dans deux mois, on déménagera dans un appartement dans une maison qui est retirée, un peu dans les hauteurs, près de la nature, avec peu de circulation. Un nouveau départ ! Nous avons déménagé tellement de fois ! J'aime ça, j'ai souvent déménagé, j'ai l'habitude !

On ne pense jamais aux mauvaises choses qui peuvent nous arriver tout au long de la grossesse. On est positive. Ma première grossesse s'était tellement bien déroulée, que je pensais être à l'abri.

Je suis donc partie confiante pour cette nouvelle histoire, l'esprit léger. Je ne m'attendais pas à ce que tout se passe différemment.

Mais la réalité va vite se faire sentir.

Début des craintes

Je le sens au fond de moi, tout sera différent. Quelque chose ne va pas, on ne peut l'expliquer mais en tant que maman on le sait, on le ressent.

Les premiers signes se font vite sentir, j'ai toujours des saignements, j'essaie de ne pas paniquer, rester calme, positive.

Nous sommes au mois de février, je suis en Valais avec ma fille. Un après-midi, j'ai commencé à avoir de légers saignements. J'ai eu peur de faire une fausse couche. Pour me tranquilliser, je me suis rendue aux urgences gynécologiques à l'hôpital d'Aigle. J'avais besoin d'entendre que tout était normal, qu'il n'y avait aucun souci. La doctoresse m'a fait une échographie et là, j'ai pu te voir, tu bougeais. Rien de grave ne s'était passé, tu étais vivant. Je suis rentrée soulagée à la maison chez ta grand-maman.

Au fond de moi, je le sens. Je ne me réjouis pas vraiment. C'est différent de ma première grossesse où j'étais euphorique, où je préparais tout depuis le début. Quelques semaines plus tard, nous avons emménagé dans notre nouvel appartement, on était installé. Mes saignements ont recommencé une nuit, légers comme la dernière fois.

Je ne suis pas tranquille, pourquoi ces saignements ? Nous sommes en pleine nuit, ma fille dort paisiblement. Je parle avec mon mari, je décide de descendre à l'hôpital de Bienne en urgence afin que mes doutes puissent se dissiper. Je ne peux pas rester là et attendre. Je ne pourrai pas dormir si je ne vois pas que mon enfant est toujours vivant.

Pourquoi je saigne ? Pourquoi je me sens comme cela ? Pourquoi je doute ? Pendant le trajet jusqu'à l'hôpital, je me pose des questions, j'ai tellement peur de découvrir que mon enfant est parti. J'essaie de rester positive. Reste positive, arrête de paniquer, respire, ce n'est que des saignements ! Je masse mon ventre, je demande à mon enfant de ne pas me quitter !

J'ai besoin que quelqu'un me rassure et me dise que tout va bien, que c'est dans ma tête. Il faut que j'arrête d'angoisser.

La femme médecin que je vois, me fait une échographie, elle me dit que tout est ok. Elle me dit tout de même de prendre rendez-vous chez mon gynécologue pour contrôler après le week-end.

Je rentre chez moi, pas rassurée à 100%, pourquoi veut-elle que je prenne rendez-vous lundi ? Que se passe-t-il ? Pourquoi mes doutes restent-ils ? J'aimerais vivre pleinement cette nouvelle aventure.

Troisième mois de grossesse, toujours ces saignements, toujours cette angoisse. Est-ce-que c'est dans ma tête que tout ne va pas bien ? J'essaie à nouveau de rester positive. On va bientôt arriver au contrôle des trois mois. Mais je ne peux pas et ne veux pas attendre sans savoir ce qu'il se passe. Nous sommes un vendredi.

Je téléphone, mon gynécologue est en vacances. Je dois prendre rendez-vous chez un autre. Rendez-vous est pris, d'ici deux heures, je serai fixée, je saurai. Je dépose ma fille chez ses grands-parents.

L'orage avant la tempête

J'arrive dans ce nouvel endroit que je ne connais pas, je m'installe sur ce siège, dans cette salle d'attente. Je remue sur ce siège. J'essaie de me rassurer comme je l'avais fait à chaque fois. Je parle à mon bébé dans ma tête, tout en le caressant.

Je le sens, je le sais... il y a un problème.

L'assistante vient me chercher et me place dans une salle de consultation. C'est petit et cosy, on s'y sent bien. Je regarde au plafond et là, je vois des mobiles : une montgolfière et un avion. Ce gynécologue doit aimer cela. C'est joli.

J'essaie d'être détendue, je touche mon ventre, je lui parle, j'essaie de nous rassurer et je lui dis que tout va bien aller. Mon bébé doit ressentir mon angoisse.

Le gynécologue arrive. C'est un homme qui est très long, d'une cinquantaine d'année, un bel homme qui m'a l'air sympathique. J'essaie de cacher mon angoisse en lui souriant.

Le contrôle commence. On arrive à quelques jours du contrôle du troisième mois. Il mesure la valeur de la nuque. Je le vois hésitant, il recommence, cela commence à m'angoisser. Il reprend la mesure, me nettoie et là, mon monde s'écroule. Il me dit que la valeur de la nuque n'est pas dans les normes, qu'il faut que je prenne rendez-vous lundi chez mon gynécologue. Il me parle d'amniocentèse, je l'écoute d'une oreille

Je m'habille. Je ne veux pas y croire, je masse mon ventre, je promets à mon enfant que tout ira bien.

Je sors du bâtiment, je lève les yeux au ciel, il fait beau, le soleil brille mais mon cœur chavire. Dans ma tête, c'est la tempête, je suis si triste, que va-t-il se passer ? Je parle intérieurement à mon bébé, il doit ressentir mon mal-être, je dois le rassurer. Il sent que tout s'est effondré. Comment avancer sans penser au pire ? Non, pas le pire car pour moi la trisomie n'est pas affreuse, ce sont tellement des gens incroyables. On pourrait beaucoup apprendre auprès d'un enfant comme celui-là.

Je prends mon téléphone, j'appelle mon mari, je lui explique, il m'attend avec notre fille chez ses parents. Je marche, j'erre dans les rues, je ne suis plus là, je suis ailleurs et j'essaie de me concentrer pour ne pas pleurer. Trop difficile, je marche au milieu des gens et derrière mes lunettes de soleil, mes larmes coulent, je ne peux les arrêter. Il faudra faire cette prise de sang et voir les résultats.

Dans ma tête, je vois mon enfant trisomique et je me dis que ce n'est pas grave, que ce sera chouette de pouvoir vivre auprès de lui. Je me demande comment cela va se passer. Je me dis qu'il faut que je commence à me renseigner sur ce handicap. J'essaie d'être positive. J'y arrive, la trisomie ne me fait pas peur. Dans ma tête, je veux être prête à accueillir cette nouvelle.

A ce moment, je ne pense pas à d'autres handicaps.
Je me pose beaucoup de questions : Comment va réagir mon mari ? Comment ça va être pour ma fille ? Comment va-t-on le lui expliquer ?

Un texte tellement beau... à méditer !

La maman spéciale

« (…) Certaines femmes deviennent mères par accident, d'autres par choix, quelques-unes par pressions sociales et d'autres par habitude de couple. Cette année, près de 100'000 femmes mettront au monde un enfant handicapé. Vous êtes-vous déjà demandé comment ces mères sont choisies ? J'ai eu la vision de Dieu, au-dessus de la terre, choisissant avec grand soin, ses instruments pour la propagation.

Comme Il observait, Il ordonnait à ses Anges de prendre note dans un grand livre.

LE SEIGNEUR : André, fils d'Anne, Saint Patron, Mathieu ; Mélanie, fille de Marjorie, Sainte Patronne, Cecilia ; Carine, fille de Nicole, Saint Patron, Gérard.

Finalement, Il ordonna un nom à l'Ange et sourit.

LE SEIGNEUR : Donne-lui un enfant handicapé.

L'ANGE : Pourquoi celle-ci, Seigneur ? Elle est tellement joyeuse.

LE SEIGNEUR : Justement. Pourrais-je donner un enfant handicapé à une mère qui ne sait pas rire ? Ce serait trop cruel.

L'ANGE : Mais a-t-elle de la patience ?

LE SEIGNEUR : Je ne veux pas qu'elle en ait trop parce qu'elle s'enfoncerait dans un mur de pitié et de désespoir. Quand le choc et le ressentiment passeront, elle le supportera très bien. Je veille sur elle aujourd'hui. Elle a ce sens du moi et d'indépendance si rare, Mais si nécessaire pour une mère. Tu vois, cet enfant que je vais lui donner, a son propre monde. Elle doit le faire vivre dans son monde. Elle doit le faire vivre dans son monde à elle et ce n'est pas facile.

L'ANGE : Mais Seigneur, je pense qu'elle ne croit pas en toi.

Le seigneur sourit

Ça ne fait rien, je peux arranger cela. Celle-ci est parfaite. Elle a juste assez d'amour propre.

L'Ange soupira.

L'ANGE : Amour-propre, Seigneur. Est-ce une vertu ??

LE SEIGNEUR : Si elle ne peut se séparer de l'enfant à l'occasion, elle ne survivra jamais. Oui, cette femme, je la bénis avec son enfant, moins que parfait. Elle ne le réalise pas, mais elle a de quoi être enviée. Elle ne prendra plus jamais pour acquis un seul mot prononcé. Elle ne considérera jamais plus un pas de façon ordinaire.

Quand son enfant dira « maman » pour la première fois, elle sera témoin d'un miracle et le saura. Quand elle décrira un arbre ou un coucher de soleil à son enfant, elle verra ma création comme il est donné à très peu de gens de la voir. Je vais permettre qu'elle voie clairement les choses que je vois : l'ignorance, la cruauté, les préjudices et je vais lui permettre de s'élever au-dessus de tout cela. Elle ne sera pas seule. Je serai à ses côtés à toutes les minutes des jours de sa vie parce qu'elle fait mon travail, aussi vrai qu'elle est ici à mes côtés.

L'ANGE : Mais, Seigneur, qui sera son saint Patron.

Le seigneur sourit.

LE SEIGNEUR : Un miroir suffira. »

Erma Bonbeck (extrait du livre FOREVER, ERMA 1996)

Conflit dans le couple

J'arrive chez mes beaux-parents, où ma fille et mon mari m'attendent. Je suis tellement mal. J'essaie de ne pas montrer à ma fille mon inquiétude mais c'est trop difficile. Nous devons attendre à présent, passer le week-end dans le doute.

Mon mari et moi, nous nous disputons, il dit que s'il est trisomique, il ne voudra pas le garder et moi je dis le contraire, je le garderai, je ne mettrai pas un terme à cette vie parce qu'il est trisomique. Ce n'est pas un handicap qui va me faire peur.

Mon mari qui a si peur du regard des autres, mais moi, je m'en fous des autres ! Ce n'est pas une honte d'avoir un enfant handicapé, c'est plutôt un cadeau ! Nous ne sommes pas du tout du même avis.

Le week-end va être tendu. Je me revois assise devant la maison à réfléchir. Cet après-midi, mon témoin de mariage vient me parler, on marche et elle essaie de me soutenir dans ce moment d'attente. Je la remercie tellement d'avoir été là pour moi.

Pour Lou c'est difficile, je ne suis plus là pour elle et depuis ce jour-là tout changera, notre lien se fissurera petit à petit. Je suis toujours maman de jour, pour un petit garçon mais je ne vais malheureusement plus le garder, je ne peux pas m'occuper d'un autre enfant tant que je serai dans cette attente. Je romps le contrat pendant le week-end en expliquant notre situation. Je dois vraiment me concentrer sur ma fille et ce petit être dans mon ventre. Elle comprend et cela me rassure.

Valeur nucale

Le lundi, je prends rendez-vous chez mon gynécologue, en urgence. Il me reçoit le jour même en fin de journée, mon mari vient avec. Il me prend mon sang pour le contrôle du troisième mois, afin de l'envoyer au laboratoire. Je lui explique mon rendez-vous du vendredi passé et lui dit que la valeur de la nuque n'est pas bonne. Il prend lui-même la mesure et là il me dit que tout est en ordre.

Il va envoyer le test sanguin au laboratoire et il me dit que s'il y a quelque chose il me rappelle jusqu'à la fin de cette semaine, avant qu'il ne reparte en vacances.

Le médecin de vendredi a pu se tromper, je suis déboussolée. Mon médecin n'a rien vu d'inquiétant. Vivement le résultat de cette prise de sang afin que je puisse me détendre.

La semaine passe, pas de nouvelle donc bonne nouvelle.

Pour mon mari, le bébé n'a rien, le gynécologue ne nous a pas rappelés, tout est en ordre. On peut clore la discussion.

La discussion n'est pas terminée pour moi, je veux que l'on puisse envisager si jamais c'est le contraire. Je veux savoir à quoi m'en tenir.

On finit la discussion et je sais que si notre enfant a cette maladie, je devrai l'élever seule.

J'en parle à ses parents, je leur explique notre situation. Ses parents discutent avec lui et arrivent à lui faire changer d'avis et cela me réjouit. Il me dit qu'il restera près de nous quoi qu'il arrive.

Les feuilles de papier

Au quatrième mois, nous avons rendez-vous pour le prochain contrôle. Mon mari vient avec moi. On s'y rend confiants puisqu'il ne nous a jamais téléphoné. Nous sommes un mois plus tard. En un mois, il se passe des choses dans le développement d'un fœtus, c'est déjà un bébé. La structure de son cerveau se forme.

Nous prenons place dans la salle d'attente, j'essaie de lire les magazines mais je suis trop tendue, je caresse mon ventre.
Je n'aime plus aller à ces contrôles, j'y suis à chaque fois angoissée.
La secrétaire vient nous chercher et nous place dans la salle de consultation. Et voilà qu'elle dépose des feuilles sur le bureau du médecin, normalement il n'y a rien, puisque c'est tout dans son ordinateur. Je commence à me sentir mal, il y a quelque chose qui ne va pas. Pourquoi ces feuilles ? Qui y a-t-il de noté ?

Il arrive et là, c'est terrible. Il dit que les résultats de la prise de sang ne sont pas bons. Quoi ? Que dit-il ? Pourquoi ne nous a-t-il jamais rappelés ? L'excuse du médecin : le jour où j'ai fait cette prise de sang, une autre dame en a fait une et les deux n'étaient pas bonnes. Il a pensé que le laboratoire avait fait une erreur et il a fait refaire les tests. Mais entre-temps, Monsieur est parti se bronzer aux Maldives et il s'en est foutu de notre bébé.

Le résultat était sur son bureau trois semaines plus tôt mais il n'était pas là. Comment peut-on être aussi cruel, ne pas penser à notre enfant, le laissant se développer. Je ressens un profond dégoût pour ce gynécologue, je suis effondrée et énervée de savoir que des personnes comme cela existent. Je ne vais pas me laisser faire, il va le regretter. Dans ma tête tout se bouscule, je ne suis plus là. J'ai envie de m'évader avec mon bébé, ne rester que les deux, arrêter le temps.

C'est terrible, on a perdu trois semaines. Il nous dit qu'il faut qu'il prenne rendez-vous à Berne pour l'amniocentèse, il nous prend rendez-vous chez un gynécologue qui partage un cabinet avec un généticien. On a rendez-vous cette semaine. Il nous explique qu'il ne peut pas nous dire ce que notre enfant a vraiment, qu'il faut faire cet examen pour être fixé.

On sort du cabinet, dépités, main dans la main mais sans trop y croire. Comment peut-on laisser des personnes en attente ?

Si j'étais allée chez cet autre gynécologue, on aurait été fixés directement.

« La vie est une attente perpétuelle de ce qui peut être. »
Louis Dumur

Attente

En avril 2012, nous nous rendons à Berne chez ces spécialistes. Pendant tout le trajet, je te caresse et essaie de rester positive. Je veux que tout s'arrange. Nous rentrons dans cet endroit, on s'y installe, c'est grand et spacieux. Ce gynécologue nous reçoit et nous explique comment l'amniocentèse va se passer. Je suis prête, on peut y aller. Il enfonce une longue aiguille dans mon ventre afin de pouvoir te prélever un bout de ton tissu. Et ensuite, on prend du sang. On aura les résultats d'ici quelques temps.

J'écrivis ceci dans mon journal :

2 mai 2012

Mon cher bébé, j'espère qu'aujourd'hui je ne devrai pas prendre de décision à ton sujet. J'espère que tu vas bien. Tu as le cerveau qui n'est pas bien développé et un risque de trisomie. Je suis désemparée, je suis sûre que tu es un garçon... et je ne veux pas te laisser partir. Je t'aime déjà tellement.

J'ai beaucoup de chagrin et je suis apeurée aujourd'hui car le généticien veut nous voir. Je me demande ce qu'il va nous dire.

Il nous annonce le début de ces résultats, cela ne s'annonce pas bon du tout. Il veut que ton papa donne aussi son sang afin qu'il puisse poursuivre leurs analyses afin d'être sûr de ce qu'il nous dira.

Les semaines passent, l'attente se fait longue.

« On doit prendre les petites décisions avec sa tête et les grandes avec son cœur. »

H. Jackson Brown

Le verdict tombe

L e 29 mai 2012 à 7h30, le téléphone sonne, ça n'annonce rien de bon. On doit aller à Berne le plus vite possible. On amène notre fille chez ses grands-parents et on prend la route pour aller à notre rendez-vous. Le trajet est long, je pleure, j'essaie de garder un espoir mais je sais au fond de moi que tout est fini. Il ne me reste aucun espoir.

On arrive, on s'assied dans cette salle d'attente. Nous sommes ensuite appelés par le généticien, le moment est venu de savoir ce que tu as vraiment.

Le verdict tombe : il te manque une partie du chromosome 14.

Disomie uni parentale

La disomie uni parentale (UPD) est définie par la présence des deux homologues d'une paire d'un seul parent chromosomique. Sois-vous trouverez les deux homologues (Heterodisomie) ou deux copies d'un homologue (isodisomy), ou un mélange de heterodisomen et segments isodisomen.

Tu es atteint d'un grave handicap mental et physique. Le généticien nous énumère la longue liste de cette maladie. Je ne suis plus là, j'essaie de te rassurer, tout va aller mon petit, je vais faire au mieux pour toi. Il nous dit que ce n'est pas une vie, que tu seras malheureux. Pour ta sœur, ça sera très pénible.

La meilleure décision à prendre pour lui est d'interrompre la grossesse, te laisser partir sans aucune souffrance.

Si tu avais été atteint de trisomie je n'aurais jamais pris une telle décision mais avec tout ce qu'il nous a dit, nous devions te laisser partir.

Le gynécologue attendait notre feu vert afin qu'il puisse procéder à cette interruption de grossesse. On leur donna notre accord. Tu avais 19 semaines et 5 jours.

Le temps me semblait s'être arrêté, je n'étais plus là. On allait venir nous chercher pour nous emmener dans une autre pièce afin d'arrêter ton cœur.

Je suis obligée de poser sur le papier tel que cela s'est passé, afin que vous sachiez comment ça se passe vraiment. Je veux que vous ressentiez avec moi la douleur psychique que j'ai eue.

Faute professionnelle

Je ressens tellement de haine pour le gynécologue qui nous a fait perdre du temps. Comment peut-on se permettre de faire autant de mal. Je suis si impuissante. J'ai envie qu'il paie, c'est une grosse erreur professionnelle. Mais quand j'en parle autour de moi, les gens me répondent mais que veux-tu y faire, il est tellement bien protégé. Dans ma tête j'ai envie de lui coller un procès. J'ai envie de le faire réfléchir sur sa conduite injuste. Mon enfant ne mérite pas cela. Je suis remplie de haine. Malheureusement, je ne me sens pas la force de mener un combat contre lui.

Et si je mène ce combat, est-ce que je me sentirai mieux ? Beaucoup de choses tournent dans ma tête, en boucle. Je souhaite que cette personne vive ce que je ressens. J'ai envie qu'il ait mal comme j'ai mal. Je sais au fond de moi qu'il devra rendre des comptes à son jugement dernier.

Bien plus tard, j'entendrai beaucoup de choses sur lui, beaucoup de femmes ont eu des soucis avec cette personne. Comment peut-on laisser cet homme exercer ?

Malheureusement si tout le monde fait comme moi, ces personnes ne seront jamais sanctionnées et continueront à faire du mal. Il aurait fallu que j'agisse.

Tout s'arrête

J e m'allonge sur cette table, dans cette pièce froide. L'écran est géant, je te vois apparaître. Ils éteignent le grand écran et je te vois sur leur petit écran.

Tu dois ressentir mon inquiétude, tu bouges dans tous les sens, je veux te rassurer mais je n'y arrive pas. Il nous demande si on veut savoir le sexe et on le souhaite. Tu es un garçon ! Mon fils, notre fils...

Je souhaitais tellement avoir un garçon !

Le moment est venu de te dire au revoir, je ne veux pas, je veux te garder auprès de moi. Je veux que tout s'arrête, je veux sortir de ce cauchemar.

Le médecin prend une grosse aiguille, traverse mon ventre, je te vois t'affoler, je suis sûre que tu sais ce qu'il se passe. Je ne veux pas tourner la tête, je te regarde, tu te débats, tu ne veux pas qu'il te touche, tu veux vivre. Il te loupe, il essaie à nouveau d'atteindre ton cœur, cette fois, on y est, il a réussi.

Mon cœur se transperce en même temps que le tien est en train de s'arrêter. Il est 11 heures. Ma douleur psychique est énorme, je t'ai vu lutter, cela restera gravé dans ma tête et mon cœur. Quand il ressortit son aiguille, un produit s'en échappa et me brûla la peau. J'ai crié et l'infirmière en allemand demande au médecin pourquoi elle crie et lui répond que ce produit brûle.

Dans ma tête dès qu'il dit ceci, je me dis que mon fils a dû avoir mal. Je venais d'euthanasier mon fils.

Nous devions rester une trentaine de minutes dans une salle d'attente et revenir ensuite passer une échographie afin de voir si notre fils était mort. Et si ce n'était pas le cas, il recommencerait.

Dans la salle d'attente, je dis à mon mari que si cela n'a pas marché du premier coup qu'il est exclu que je recommence. Je rentrerai chez nous et je garderai mon enfant.

Notre fils Andreas est décédé ce mardi 29 mai 2012 à 11 heures.

Nous sommes sortis de ce cabinet, perdus, tristes et dans mon ventre, mon fils mort. Marcher jusqu'à notre voiture a été très pénible, je voulais me réveiller. Je voulais sentir mon bébé à nouveau bouger.

Nous sommes rentrés à la maison afin que je puisse préparer mes affaires, je devais ensuite me rendre à Berne au Lindenhof Spital afin d'accoucher de mon fils mort. Accoucher...

Cela a été difficile d'expliquer à ma fille alors âgée d'un an et demi que son frère était un Ange. J'ai dû lui expliquer que j'allais devoir partir à l'hôpital pendant un moment. Elle n'a pas compris.

Une amie m'a prêté une tablette afin que je puisse écouter de la musique et faire des jeux pour me changer les idées. J'ai pris aussi quelques livres et mon carnet pour noter mon ressenti. Écrire pour essayer d'atténuer mes maux psychiques.

Avec mon mari, nous avons pris la décision que j'irais seule. Je voulais pouvoir dire au revoir à notre fils comme je le souhaitais, je voulais le voir et le prendre dans mes bras. Mon mari ne souhaitait pas la même chose. Donc je l'embrassai et fus conduite par ma belle-sœur Sarah qui resta quelques jours avec moi.

Le trajet me sembla interminable. S'il vous plaît, laissez-moi me réveiller.

Information :

Après la 14ème semaine de grossesse, les interruptions sont psychologiquement lourdes pour toutes les personnes impliquées. Cependant, elles sont rares, constituant le 5 % au maximum de toutes les interventions. Une large part de ces avortements tardifs se font suite à une malformation grave du fœtus ne pouvant être mise en évidence plus tôt.

D'autres sont nécessaires à cause d'un danger physique ou psycho-social grave pour la femme enceinte.

Lindenhof Spital

Quand ma belle-sœur et moi sommes arrivées, ils nous ont mis dans une jolie chambre. Sur la petite table, il y avait une carafe d'eau et de jolies fleurs. La doctoresse est arrivée afin de me lire le protocole et m'expliquer comment ça allait se passer.

Je n'aurais pas pensé qu'il y aurait tellement de choses à faire pour mon fils.

Je devais prendre certaines décisions, comme l'incinérer où l'enterrer ? Le mettre dans un jardin des souvenirs ou prendre les cendres à la maison ? Beaucoup de choses pour ma tête qui n'était plus vraiment là. J'étais tellement chamboulée.

Sarah m'aida beaucoup. On allait recevoir d'ici peu la boîte qui renfermerait le corps de mon fils, une boîte en bois terriblement froide. Nous décidâmes de la décorer afin qu'elle devienne belle. Mais avant cela, il fallait mettre le premier ovule qui déclencherait l'accouchement. Cela me provoqua quelques contractions mais rien de conséquent.

Nous nous installâmes sur le lit avec la tablette afin de faire un Scrabble et un Trivial pursuit pour essayer de me détendre et de passer le temps.

L'infirmière me changea de chambre vers les 22h et installa un lit de camp pour que ma belle-sœur puisse rester auprès de moi.

Rien ne fit effet, j'avais des contractions mais pas énormes.

Je reçus la boîte et des feutres afin de pouvoir la décorer. Sarah me nota les prénoms de tous les membres de notre famille dessus et au-dessus, elle inscrivit le prénom : ANDREAS et j'inscrivis des mots sur chaque face : espérance, amour, famille, deuil. L'extérieur de la boîte était prêt, il ne restait plus qu'à choisir le tissu qui l'envelopperait, un tissu bleu ciel. J'ai rajouté un doudou et la lolette que je lui avais acheté. Pour moi c'était trop difficile de les garder. Il devait les prendre avec lui. Il se faisait tard, nous décidâmes d'essayer de dormir. Cette nuit-là, rien ne se passa.

La suite, je transcris ce que j'avais écrit dans mon carnet.

Mercredi 30.05.2012, 2ème jour

Mon cher Andreas,

Hier, les résultats sont tombés, tu es atteint d'une maladie. Je suis tellement triste, je dois malheureusement te dire au revoir.

Depuis hier, je suis à l'hôpital et j'attends que tu sortes pour te serrer dans mes bras et te dire combien je t'aime !

Hier, nous avons stoppé ton cœur, afin que tu ne souffres plus. Depuis ce moment-là, il y a un grand vide. J'aurais voulu que tu restes auprès de nous, mon souhait d'avoir un garçon était énorme. Je suis dans la douleur...

Je suis tellement désolée mais je pense que tu as dû sentir mon grand désarroi lors de ton départ. Cela a été terrible pour nous.

Ta grande sœur t'aurait appris tellement de choses, mais la vie en a décidé autrement.

Mon Ange, je vais tout faire pour que tu reposes dans un merveilleux endroit. Je t'emmènerai en Valais dans un endroit paradisiaque, où, enfant, j'aimais m'y rendre lors de pique-niques avec mes parents.

Jeudi 31.05.2012, 3ème jour

Plus profondément

Le chagrin creusera votre être

Plus vous pourrez contenir de joie.

Khalil Gibran

Mon chagrin est tellement grand. Je décide d'aller marcher à l'extérieur, peut-être que cela déclenchera des contractions. Avec Sarah, on marche vite dans les rues de Berne mon bébé mort dans mon ventre. Il fait beau, le soleil brille mais dans mon cœur, je suis perdue.

Joe, le copain de Sarah, est venu nous trouver, pendant le trajet qu'il a amené ici, il a eu une inspiration et a dessiné un magnifique dessin. Il sera parfait pour t'accompagner dans ta dernière demeure. Je le dépose dans ta boîte.

Il a essayé de me faire rire en s'habillant en docteur, en mettant des gants, un masque, etc. C'est tellement un clown !

Le soir, on essaie de me masser et de me faire de l'acupuncture mais rien ne marche.

Vendredi 01.06.2012, 4ème jour

Tu n'es toujours pas là, ça va long. Je me demande pourquoi Dieu me fait subir cela et pourquoi Il ne te laisse pas t'en aller. J'espère qu'aujourd'hui tu seras là, que je puisse enfin te dire adieu.

Je n'ai pas bien dormi cette nuit. J'espère que tu es auprès d'autres enfants et que tu t'amuses là-haut. Cela fait déjà trois jours que tu nous as quittés, mon chagrin est immense...

Je dois être patiente.

Dans cette situation, j'ai le temps de me poser tellement de questions que le doute s'installe, le doute d'avoir pris la mauvaise décision. Il est trop tard, je ne peux rien changer, je dois l'accepter. Je dois regarder en avant, j'ai fait tout mon possible pour toi mon Ange. Je pense qu'après cette expérience, beaucoup de choses changeront, mon regard va changer, mes envies vont changer. Je vais sûrement être différente. Pendant l'attente des résultats, durant ces trois dernières semaines, nous avons dû prendre des décisions. Si tu avais été trisomique, nous t'aurions gardé, tu aurais été avec nous. J'étais persuadée que ce handicap, j'aurais pu te rendre heureux mon Andreas. Tu m'aurais tellement apporté et pas seulement à moi. Je t'aurais donné tellement d'amour. Je ne souhaitais pas te voir souffrir, rester allongé dans une chaise, ne pas pouvoir me parler, cela aurait été trop dur pour moi. La décision a été douloureuse.

Mon petit, à présent, je dois faire mon deuil, je ne vais jamais t'oublier, tu es mon fils, le fils que j'espérais tant.

Pour la trisomie, j'ai beaucoup lu à ce sujet, j'ai lu des textes merveilleux.

Espérons que le chagrin de ta perte me donnera la force pour avancer. Je n'ai pas revue ta grande sœur depuis mardi et elle me manque. Je sais qu'elle va bien. Elle ne comprend pas ce qu'il se passe. Elle joue et rit beaucoup, elle est dans son monde d'insouciance, un monde d'enfant et c'est merveilleux. Quand viendra le moment je lui expliquerai que son petit frère est allé rejoindre les Anges dans le ciel.

Lou aurait vraiment aimé t'avoir près d'elle.

Il est 12h11, nous allons sûrement reprendre le traitement pour que ton corps puisse se libérer du mien car pour l'instant, on ne fait qu'un. Depuis mardi, nous avons essayé tellement de choses.

Hier, nous avons fait fort avec une sage- femme et ta tata était toujours à mes côtés.

A des moments, nous avons ri. Nous avons essayé les huiles essentielles, du thé spécial accouchement, l'acupuncture et Sarah est même allée me chercher de l'homéopathie spéciale pour aider.

Enfin le dernier truc : un cocktail à l'huile de ricin, jus de fruit et 2 cuillères de cognac.

Cocktail terrible, 2 dl à boire cul sec, j'ai cru que j'allais vomir. Ce cocktail m'a rendu cuite et cela m'a permis de me détendre pour un moment. J'ai même pu rire...

Ici, les sages-femmes essaient de faire tout leur possible pour m'accompagner au mieux dans ce que je traverse. Les amis et la famille me soutiennent énormément. Beaucoup ont prié pour toi. On grandira certainement de cette expérience.

Ta tata est rentrée à la maison, nous voilà seuls rien que tous les deux.

Samedi 02.06.2012, 5ème jour

J'ai prié Dieu ce matin afin qu'Il te libère de mon corps, mon corps qui refuse de te rendre. J'espère qu'Il aura vraiment entendu ma prière. Il faut que tu sortes, il faut qu'on se dise adieu.

13h40 : si j'avais pu te garder, je t'aurais gardé ! J'ai seulement voulu le meilleur pour toi mon fils.

Mets ta confiance en l'éternel de tout ton cœur et ne te repose pas sur ta propre intelligence.

Appuie-toi sur lui dans tout ce que tu entreprendras et il guidera tes pas.

Proverbe 3, 5-6

Dimanche 03.06.2012, 6ème jour

Ce matin Dieu a grondé. Un orage a éclaté. J'espère que cela est le signe qu'aujourd'hui tu sortiras et que je pourrai enfin te faire mes adieux. De toute façon ton âme est déjà ailleurs. Pour ta sœur, cela commence à être dur, hier elle a beaucoup pleuré. Ton papa est très triste. Ils ont besoin de moi, il faut me laisser rentrer. Je ne peux pas te garder dans mon ventre.

Lundi 4.06.2012, 7ème jour

Je ne sais pas si Dieu veut me punir.

Je ne sais plus si j'ai eu raison de mettre fin à cette grossesse.

Ce matin, ils vont encore essayer de me décoller le placenta. J'angoisse.

Rien ne se passe.

Demain, on effectuera une césarienne. Ma cicatrice me rappellera ce que j'ai fait, ce que j'ai vécu.

Je dois assumer ma, notre décision ! Je pense avoir fait le bon choix pour toi, je n'ai pensé qu'à toi ! Pas à moi... sept jours que l'on essaie toutes les choses possibles mais mon corps refuse.

Hier, j'ai lu un magnifique livre :

Sternspuren : Unser weg mit Noël.

(Notre chemin avec Noël)

Un témoignage tellement poignant.

Couloir d'hôpital

Durant tout mon séjour, j'étais à la maternité. Ils m'avaient placée dans une chambre toute seule. Je vivais à côté de familles qui venaient d'avoir un bébé ou sur le point d'accoucher. J'entendais des accouchements et le premier cri des bébés. Et moi dans mon ventre, mon fils était mort. Quand je décidais d'aller me promener à l'extérieur, je devais passer dans ce couloir, un couloir plein de vie, plein de bébés et de gens heureux. Moi le regard triste, qui essayais de ne pas regarder ce bonheur, un bonheur qui me fendait le cœur. Je tenais mon ventre pour me donner le courage d'avancer. Je voulais que mon bébé me donne des coups.

Les sages-femmes transportaient le petit cercueil sous un drap blanc afin que personne ne puisse se douter qu'au même endroit d'autres personnes vivaient la mort. Pour certains, ce lieu n'était pas rempli de joie mais de tristesse. Comment pouvait-on se douter ?

Durant de longs jours, je marchais... la mort en moi.

Mardi 5.06.2012, 8ème jour

Tu n'es toujours pas sorti, cela fait déjà une semaine que tu es mort. Aujourd'hui, ils vont te sortir. Je redoute ce moment. Après cinq mois où tu as vécu en moi, je dois te laisser partir. Je suis si triste.

« Accueille cette douleur car elle t'apportera beaucoup. »

Ovide

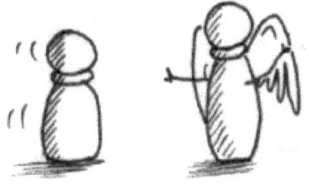

Pendant cette journée, une sage-femme qui se prénomme Lisa m'a accompagnée. Le matin, elle m'a demandé si je l'autorisais d'essayer une dernière fois de décoller le placenta afin de provoquer un accouchement sans césarienne. Je l'y ai autorisé. Elle me prépara. Elle me tira sur mon lit dans une autre pièce où elle pourrait travailler. L'anesthésiste monta me faire ma première péridurale, elle voulait travailler sans me provoquer de douleurs. Durant des heures, elle essaya. Avec cette péridurale, je pus m'endormir. Quand je me réveillai, elle me dit que rien ne s'est passé, qu'il faut me préparer à descendre au bloc. Elle m'y conduit. Il est milieu de l'après-midi, cette fois, on y est, ils vont t'ôter de moi. C'est le moment d'être forte.

Le gynécologue est arrivé, il me dit que ça va aller.

D'ici un petit moment, je vais te rencontrer.

Lisa est près de moi. Je saurai que quelques heures plus tard, qu'elle devait normalement avoir une pause entre deux mais qu'elle a préféré rester auprès de moi afin de m'accompagner dans ce moment, pour que je ne le vive pas seule. Elle a été extraordinaire, une personne magnifique. Rester auprès de quelqu'un qu'on ne connaît pas, s'attacher à cette personne et son histoire.

La césarienne débute, il fait froid dans cette pièce. J'ai si froid, dans mon cœur tout se casse. La mort est là.

Lisa m'explique ce qu'il se passe, elle me demande si je souhaite prendre mon fils sur moi dès qu'il sera là.

15h32. Je dis oui. Elle t'enveloppe dans le tissu bleu ciel, délicatement. Il est là. Elle me le montre. Je le trouve magnifique. Elle me le dépose sur ma poitrine, sur mon cœur. Je mets ton visage contre le mien. Tu es magnifique. Ton nez et tes lèvres sont les mêmes que ta grande sœur. Je suis contente de pouvoir te voir.

Je veux rester comme cela éternellement.

Nous devons monter en salle de réveil. Elle t'amènera là-haut, elle te reprend. Elle te donne à une autre sage- femme. Elle m'accompagne dans cette pièce.

J'essaie de me réveiller gentiment, elle me ramène mon fils, le repose sur moi, je m'assoupis, je le caresse. Je veux qu'il reste près de moi.

Elle me le reprend afin que je puisse monter dans ma chambre me reposer. Elle me demande si je souhaite encore passer du temps avec lui, je lui dis oui. Elle me le ramènera ce soir.

19h. Elle revient avec un chariot, un drap blanc recouvre la petite boîte qui contient mon fils. Personne ne se doute qu'elle pousse un bébé mort.

Je peux passer encore un moment avec toi, je te regarde dans ta boîte et là mon cœur chavire, je n'avais pas remarqué avant...

Brûlure

Je suis réveillée à présent et là, je sais que tu as dû souffrir. Ce n'est pas une mort sans souffrance pour le bébé. Il est brûlé. Je vois sa peau brûlée, cela me fait tellement mal. Je me sens mal, j'ai fait mal à mon enfant. Ce sentiment est terrible, j'essaie de me rassurer, mais rien n'y fait, je me sens tellement coupable, comment ai-je osé lui faire subir cela ? En tant que maman, j'aurais dû le protéger et ne pas les laisser lui faire du mal. Ces médecins qui disent que cela ne leur fait rien, c'est entièrement faux, cette piqûre brûle et je l'avais ressentie, j'avais eu une petite goutte sur mon ventre et cela m'avait fait mal. Comment ose-t-on faire cela ?

Je suis remplie de tristesse et je regrette tellement. Comment vais-je réussir à vivre avec cela dans ma tête. Je suis désemparée.

Je t'ai tué... je me réveille et je m'en veux. Comment ai-je osé prendre cette décision de t'ôter ta vie ? Comment peut-on tuer son enfant ? Je suis une mère indigne. Mon désespoir est si grand. Je viens de tuer mon enfant. Comment vais-je pouvoir me guérir d'avoir fait cela ? L'acte de l'avortement n'est pas sans retombées pour la maman. Comment peut-on se laisser bercer par les paroles des spécialistes ? On leur fait confiance. Mais eux ne savent pas ce que je t'ai fait subir, je suis certaine que tu as eu mal. Cela me rend malade. Comment vais-je m'en sortir dans quelques temps ? Je suis comme une criminelle. Je n'en peux plus. Réveillez-moi et dites-moi que je n'ai pas fait cela.

J'ai envie de te sentir bouger dans mon ventre. Ne peut-on pas revenir en arrière ? Je veux tout changer, je veux pouvoir dire non à l'avortement. S'il vous plaît, aidez-moi, laissez-moi revenir en arrière !

Respire... ça veut aller...

Je t'entoure de ton doudou, du dessin et de ta lolette. Je veux que tu sois bien. Je te laisse dans ta boîte, on écoute de la musique et je pleure... Cette fois, tu n'es plus avec moi, ton corps ne fait plus un avec moi. C'est terminé. Je dois te dire au revoir.

Le texte de cette chanson a été écrite par une maman Ange Marianne L'Heureux qui a perdu sa fille Léa à cinq mois de grossesse. Magnifique chanson que j'ai tant écoutée.

"Les Petits Pieds De Léa"

(Céline Dion)

Je ne te connaissais pas,
Mais tu me faisais rire aux éclats
Avec les petits coups de souris
Que tu donnais derrière mon nombril
Même sans te connaître,
Je t'aimais si fort, déjà
J'avais dans tout mon être
Tellement envie de prendre soin de toi

Pourquoi les petits pieds de Léa
Ne feront jamais leurs tout premiers pas
Pourquoi ses petits pieds ne grandiront pas

Petit frisson dans l'univers
Comme si la vie changeait d'idée
En un coup de vent de poussières

Le bonheur s'est envolé

J'aurais tout donné
Pour que tu grandisses dans mes bras
Le mauvais sort avait pointé
Le malheur, c'était donc ça...

Pourquoi les petits pieds de Léa
Ne feront jamais leurs tout premiers pas
Pourquoi ses petits pieds ne grandiront pas

Couché aux creux de mes mains
Un petit être si léger
Mais tellement, tellement pesant
Dans mon cœur de maman

Aucune trace de petits doigts
Ni de bisous soufflés
Par la fenêtre pour ton papa
Quand il partira travailler

Et ça lui brise le cœur
De regarder l'arbre en fleurs
Qu'il avait planté en pensant
Vous voir pousser en même temps

Pourquoi les petits pieds de Léa
Ne feront jamais leurs tout premiers pas
Pourquoi ses petits pieds ne grandiront pas

Mon Dieu dites-moi pourquoi
Je ne lui aurai chanté qu'une seule fois
«Bonne nuit cher trésor, ferme tes yeux et dors»

Lisa vient te chercher. Demain on t'incinérera. Ce sera la dernière fois que je te vois.

A 21h, quand Lisa eut terminé son service, elle revient vers moi. Qui aurait pu se douter du cadeau qu'elle allait me faire ?

De 18h à 21h, elle s'est occupée de me créer des souvenirs d'Andreas. Elle avait pris des photos, qu'elle m'avait imprimées, afin qu'il me reste un souvenir. Elle a créé un bracelet avec des perles en inscrivant ton prénom et ton nom. Elle a même pu prendre des empreintes de tes pieds. Elle m'a écrit une carte où elle me souhaite d'avoir la force et la confiance.

La soirée fut remplie de visites des sages-femmes, avec qui nous avons partagé un moment de complicité. On s'attache à ces personnes, il y en a eu beaucoup qui ont défilé dans ma chambre. Chacune a essayé de m'aider de son mieux.

« Der Hoffnung leise wie einenm Vogel die Hand hinhalten. »

Antje Sabine Nägeli

Jeudi 7.06.2012, 22h12

Nous avons vécu beaucoup de choses ces derniers jours dans cet hôpital. Mon cher Andreas, j'ai enfin pu te faire mes adieux. Ta sœur et ton papa viendront me chercher demain. J'appréhende ce moment. J'ai peur de ne pas y arriver. Je suis déboussolée et j'ai l'impression depuis mardi que l'on m'a ôté quelque chose en moi. C'est un sentiment tellement bizarre.

Vais-je être à la hauteur avec ta sœur ?

Beaucoup de questions dans ma tête.

Pendant cette journée, je prépare ma sortie, je dois contacter la sage-femme qui viendra me rendre visite et s'occuper de moi pendant les premiers jours. Je téléphone à Christine, sage-femme qui était déjà venue s'occuper de ma première fille.

Là, elle s'occupera de moi, que de moi puisque je rentre sans enfant.

Cela m'est douloureux de penser. Je préférerais être en train de dormir.

Je recevrai demain la petite boîte en carton qui te renferme. Les sages-femmes ont été extraordinaires. Une page de ma vie se tourne, il faut que je reprenne le cours de ma vie, il faut que je sois forte pour ma fille et mon mari.

Tu vas tellement me manquer Andreas, tu resteras dans mon cœur. Je ne suis plus la même personne depuis ton départ. Mon rire n'est plus pareil. Je vais avoir besoin de temps.

« Le temps ne guérit pas toujours la douleur, mais il t'apprend parfois à vivre avec. »

Le soir, je demande à Lisa ce qu'elle pense de mon retour et si ma fille va me faire la tête. Elle me dit que ce sera sûrement le cas, que mon enfant n'a pas pu comprendre ce qu'il s'est passé. Pourquoi je l'avais abandonnée pendant plusieurs jours. Dans leur tête, ils réfléchissent différemment. Je dois me préparer à une telle situation.

Pendant cette journée, j'ai cherché la signification du prénom Andreas et il n'aurait pas pu être autre que celle-ci : un chef.

Vendredi 8.6.2012

Il est temps de rentrer. Mon mari et ma fille viennent me chercher l'après-midi. Mon sac est prêt. Je peux quitter cette chambre. Je m'en vais le cœur gros.

Je vois ma fille dans le couloir avec mon mari, je vais à leur rencontre, ma fille est distante, elle me montre qu'elle n'est pas contente. C'est difficile pour moi, d'accepter qu'elle me fasse la tête.

Je me dis que tout rentrera dans l'ordre. Je demande à Lisa de m'apporter ma boîte, elle vient avec celle-ci un moment plus tard. On l'attend dans le couloir avec mon mari. Elle doit rire quand elle revient, elle m'explique qu'elle ne la trouvait plus et qu'elle a dû la chercher. Elle est rentrée dans le bureau de leur chef et l'urne se trouvait sur son bureau, à la place du chef.

Mon Andreas portait bien son prénom, un chef, il ne pouvait qu'être là. Je lui dis au revoir et la remercie vraiment pour tout. Elle a pris tellement de temps pour moi. Le retour n'est pas évident. J'ai la boule au ventre. Me voilà chez nous. Je rentre de la maternité sans rien, pas de bébé et avec une immense cicatrice qu'il faut soigner.

La table est remplie de fleurs et des cartes y sont déposées. Merci à nos familles et amis dans ces moments douloureux de nous avoir soutenus. Il y a des personnes qui sont venues me rendre visite à Berne, cela m'a fait du bien d'être entourée.

Ma belle-sœur Sarah m'offrit une belle boîte avec un cadenas afin que je puisse y déposer mes souvenirs.

Sage-femme

Christine ma sage-femme, vient le lendemain. Une femme qui donne de l'énergie rien qu'en la regardant, remplie de compassion et de tendresse. Elle était déjà venue s'occuper de Lou et de moi à ma rentrée de maternité. Je suis contente de la voir. Elle s'occupe de moi. J'essaie de sourire. J'ai un trou dans mon cœur et une immense cicatrice à soigner. Elle me masse et me dit que ça va aller.

Elle en voit sûrement beaucoup des personnes comme moi.

Je suis si heureuse que ce soit elle qui s'occupe de moi. Elle viendra plusieurs fois.

Chez nous, le premier lundi de septembre, il y a la foire de Chaindon. Nous sommes le dimanche soir fin août, nous allons au cortège, avec ma fille, mon mari, ma sœur et son copain. Le cortège va bientôt commencer. Je vois Christine qui arrive, je ne l'avais pas revue depuis juillet. Trois mois ont passé depuis la perte de mon fils. Et là, tout s'écroule. Elle me demande comment ça va et mes larmes coulent, je n'arrive pas à reprendre le dessus. Elle me dit que demain elle m'enverra quelque chose par la poste.

En effet, deux jours plus tard, je reçus un prospectus pour les familles en deuil, avec des téléphones. Quelqu'un pourrait m'aider à traverser ce moment. Je n'ai jamais appelé.

Voici sa lettre qui avait accompagné sa brochure :

Bonjour Natacha,

Je vous envoie une brochure comme promis. J'espère sincèrement que vous puissiez un peu atténuer votre peine.

Mais je pense que si vous ne trouvez pas suffisamment de soutien neutre et objectif pour avancer vers l'avenir, il serait judicieux de prendre contact avec une psy, pour ne pas tomber dans une dépression trop forte.

Je reste bien sûr, à votre écoute, et vous souhaite beaucoup de force et de courage.

Christine

Mon couple

J'ai l'impression que pour mon mari, rien n'a changé. C'est difficile de le voir bien. Il n'aura pas vécu la même chose que moi. J'ai senti la vie en moi. J'ai senti bouger mon fils. Je l'ai vu mort. Je devais rentrer à la maison comme si de rien n'était, être directement bien. Redevenir comme avant, mais c'est juste impossible. On ne peut pas changer ce que l'on vit. On doit accepter que tout va être différent. On doit l'accepter et vivre avec ce passé. Tout se casse, tout n'est plus pareil, j'ai peur que mon couple ne résiste pas à cette tempête.

Je me revois assise sur notre lit, regardant mon ventre et pleurant toute seule dans notre chambre. Je voulais croire que rien n'était perdu que tout pouvait changer. Dans le mariage, il y a des hauts et des bas. Tout n'est pas rose. On doit accepter son compagnon avec ses faiblesses.

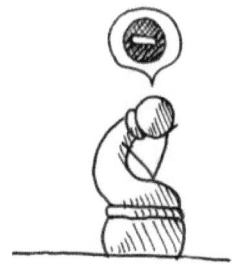

Le livret de famille

Je suis dégoûtée, mon petit est mort à 19 semaines et 5 jours et je n'ai pas pu le noter dans ce livret. Il manquait deux jours, deux petits jours pour qu'il puisse être inscrit. C'est épouvantable, on doit accoucher de notre bébé mais il ne restera aucune trace de lui. Comment expliquer cela ? C'est inhumain ! Ils m'ont dit que je pouvais moi-même le noter au dos du carnet. Mais je n'ai pas envie, ce n'est pas normal qu'il ne soit pas enregistré.

J'ai envie que ceci change ! Peut-on faire changer une loi ? Si quelqu'un peut m'aider, qu'il me contacte. J'ai envie que mon témoignage serve à cela. Si nous arrivons à nous unir, je suis sûre que nous pouvons améliorer des choses.

28.08.2012

Q uand on décide de devenir maman, on ne pense pas à tout ce qu'il peut arriver.

Ma chute

On ne peut pas guérir de cette blessure aussi vite, il faut du temps et de la patience.

25.09.2012

Mon réveil a été douloureux. Je me suis rendue à ma séance de physiothérapie. Pendant cette séance avec ma thérapeute, avec qui je parlais beaucoup, tout est remonté. Je suis sortie de l'hôpital, en ne pouvant plus respirer, j'ai fait une crise d'angoisse. Ma douleur psychologique s'est réveillée sans crier gare. Je suis montée dans ma voiture et j'ai roulé avec la fenêtre ouverte. Je voulais respirer. Crier aussi.... Je pleurais comme jamais... je traversais une forêt, c'était tellement magnifique avec ces couleurs d'automne. Mais dans mon cœur l'hiver venait de surgir.

Mon deuil n'est pas terminé, il commence. Cela fait juste quatre mois que je t'ai dit au revoir.

Ma peine, mon chagrin sont immenses !

Tu me manques tellement. Dans quelques semaines, tu aurais dû naître et non mourir ! Parfois, je me demande si j'ai bien fait, si mon choix était juste !

Quand j'ai pris la décision, je n'étais pas égoïste... J'ai pensé à toi et à la souffrance que tu aurais eue. Je l'ai fait par amour pour toi. Tu tenais tellement fort à la vie, c'était tellement terrible de te voir te débattre... j'aurais souhaité te donner le courage nécessaire à cette épreuve et je t'ai donné que de l'angoisse.

Je t'ai ôté ta vie... Je t'ai tué et cela passe en continu dans ma tête. Je n'arrive plus à me regarder en face. Comment ai-je pu te faire cela ? Je me sens tellement mal. J'étouffe, je veux pouvoir respirer mais c'est impossible. Vais-je vivre mieux ? Comment réussir à se pardonner ? Comment ces médecins peuvent laisser tuer des enfants sans défense ? Mon enfant ne pouvait pas décider et on a décidé pour lui. Et normalement c'est Dieu qui décide. Ce n'est pas nous qui décidons... Je suis si démunie...

Allez respire... Tu en as vu d'autres... Tu vas réussir à vivre avec cette douleur.

J'ai une grande fille, je dois remonter pour elle... Respire fort... Calme-toi !

28.9.2012

Est-ce-que Dieu me pardonnera d'avoir tué mon enfant ?

Je me sens coupable. Avant, on ne pouvait pas décider si on voulait garder son enfant. On ne pouvait pas connaître les maladies dont l'enfant souffrait. Je ne sais pas si notre époque est bien. Je ne sais plus si j'ai fait le bon choix pour ce petit...

Et je ne peux revenir en arrière...

11.10.2012

Aujourd'hui, c'est le terme. J'aurais souhaité te voir naître, j'aurais aimé te voir vivre. Ton handicap ne m'aurait pas fait peur, j'aurais surmonté cela !! Mais je n'aurais pas aimé te voir souffrir et tu aurais souffert. Mon enfant, tu me manques. Je rêve à penser à notre vie si cela avait été autrement. J'aurais aimé ces temps partagés avec toi...

A cette époque, j'avais commencé à aller à des rencontres chrétiennes mamans- bébés. Avec ma fille Lou, on s'y rendait un mercredi chaque mois. Quand la dame entonnait une chanson, à chaque fois cela me bouleversait. J'avais une pensée pour mon fils. Je voulais qu'il soit avec nous.

La grand-tante

La seule personne avec qui je pouvais être franche était la grand-tante de mon mari. Elle a perdu un de ces fils qui était handicapé quelques mois avant la mort de notre fils. Elle me comprend si bien, elle comprend ma douleur, c'est une grande amie, elle a cinquante ans de plus que moi. J'aime passer du temps en sa compagnie, j'apprends beaucoup en la côtoyant. Lou l'apprécie tellement, elle est comme sa grand-maman. C'est une femme douce et tellement aimante. Elle a vécu beaucoup de choses dans sa vie.

Elle a su être forte et cela l'a certainement sauvée. Je pourrais l'écouter pendant des heures. !

Je te remercie pour ton amitié.

Ma fille Lou

Lou me pose des questions sur son frère. Au salon, j'ai mis dans un cadre une photo de Lou et dans le deuxième emplacement, j'y ai collé les empreintes d'Andreas afin que personne ne l'oublie.

Une fois, dans la voiture, elle me dit :

« Maman, tu crois que mon frère reçoit un biberon de lait ? Ils ont du cacao là-haut ? »

Tellement chou, elle pensait à lui, elle s'en inquiétait, elle voulait que son petit frère ne manque de rien.

Et une autre fois, elle me dit :

« Mon petit frère joue de la guitare dans les nuages. »

Quelques années plus tard, je découvris un film, une histoire vraie, un enfant qui avait vu le paradis pendant qu'il se faisait opérer. Il avait vu Jésus. Ce film m'a réconfortée.

Te semer...

Juin 2013, en Valais

J e prends ma petite boîte en forme de cœur, je monte dans la voiture à côté de l'une de mes sœurs. Le chemin en voiture se passe en silence. Je veux te disperser dans ce coin paradisiaque où j'y ai passé toute mon enfance, dans cet étendu d'eau où je me suis baignée enfant.

Quarante minutes de voiture et nous y sommes. Je te sème délicatement dans l'eau. Je te laisse dans un endroit magique.

Chaque année, je monte avec mes filles et ma famille à cet endroit où nous passons la journée au bord de l'eau où les enfants y jouent. J'aime ces moments où je peux me recueillir.

La décision

Chez moi en Valais, les gens essaient toutes sortes de choses pour se guérir. Ils font appel à des guérisseurs, des médiums. Mes sœurs sentent ma détresse, elles me parlent d'une dame qui peut m'aider. Elles me prennent rendez-vous, ça va très vite, je vais la rencontrer l'après-midi-même. J'appréhende car je n'aime pas ce genre de chose. Je ne dis rien à mon mari, il est contre cela.

La femme me fait entrer, je m'assois et lui raconte mon vécu. Elle me dit qu'elle ne peut rien faire mais que son compagnon pourra m'aider.

Mon fils est encore avec moi et ne veut pas partir. Je dois être prête à le laisser partir, lui dire vraiment au revoir.

Son compagnon rentre dans la pièce, il se met derrière moi, me demande de fermer les yeux. Il pose ses mains au-dessus de mes épaules sans me toucher.

Mon fils me dit à travers ce monsieur, qu'il m'a pardonnée. Et moi, j'essaie de lui expliquer que je ne voulais pas cela, mais il faut qu'il me laisse tranquille, je ne peux pas continuer comme cela.

Soudain, je sens dans les entrailles de mon ventre que quelque chose se décroche et sort de mon corps par le cœur. Mon enfant est parti, il est libre. Je pleure. Je pense que tout va aller mieux à présent mais je me trompe

Après cette expérience, je crois que tout est en ordre mais au fond de moi, je le sais, je ne suis pas guérie.

Cette culpabilité que je ressens ne s'estompe pas.

Dans les dix commandements de Dieu, il y a « TU NE TUERAS PAS. »

Je sais à présent que j'ai un souci à régler avec Dieu et seulement Lui pourra me guérir et me délivrer.

La vie s'installe à nouveau en moi

En 2013, j'attends un heureux événement pour la fin de cette année-là. Je suis inquiète que tout recommence mais ma grossesse se passe très bien. En décembre, j'accouche par césarienne de mon troisième enfant qui se prénomme Adèle. Quand ils m'ont préparée pour l'opération, tout est remonté à la surface, je me suis vue en 2012, dans la salle d'opération à Berne, mes larmes ont coulé de tristesse.

Vivement que j'entende si cet enfant vit ! J'étais angoissée à l'idée de ne rien entendre.

Mais ce ne fut pas le cas, elle est née.

Le pardon

Pendant les deux années suivantes, je me suis consacrée à mes deux enfants mais davantage à la dernière. J'avais si peur de la perdre, j'ai même dormi onze mois sur un matelas à côté d'elle afin d'être là au cas où il lui arriverait quelque chose.

Je me sentais toujours aussi mal. Mon petit me manquait et je me sentais toujours coupable.

C'est en 2015, à la fin de l'année que j'ai demandé à une amie chrétienne de venir chez moi pour que l'on prie ensemble afin que je me libère de cette culpabilité. Elle est venue avec son mari. Et nous avons prié, j'ai demandé pardon à Dieu. Mes larmes ont coulé. Toute cette culpabilité sortait de mon corps.

Cela m'a fait du bien mais ce n'est pas en une prière que ma culpabilité pourra disparaître. J'ai demandé pardon à Dieu à chaque fois que je ne me sentais pas bien. Il faut du temps pour accepter son pardon.

Depuis ce jour-là, je me sens mieux, ma vie a changé. Je me sens libérée.

C'est Dieu qui a pu m'aider à me libérer de ce poids. Dieu a accueilli mon fils Andreas et je le reverrai. Pour le moment, je dois le laisser, je le sais entre de bonnes mains, il est heureux.

Nous sommes à présent en janvier 2017. Il ne se passe pas une seule journée où je ne pense pas à mon fils mais je ne pense plus à lui avec tristesse. Quand j'ouvre sa boîte, j'aime y regarder ses souvenirs.

Je porte encore sur moi cette grossesse. Mes sept kilos que j'avais pris durant celle-ci ne sont jamais partis, comme s'ils devaient rester en moi. Peut-être qu'un jour ils s'en iront.

Aujourd'hui, je me sens bien. J'ai accepté et j'ai pu pardonner mon acte.

J'ai pu retrouver la confiance en moi que j'avais perdue en cours de route. Je m'étais tellement perdue sur des chemins sinistrés où j'ai beaucoup trébuché. Mais à chaque fois, je me suis relevée. J'ai essayé de garder la tête haute, de rester forte pour mes enfants. Je voulais trouver à nouveau un équilibre. Je voulais vivre.

J'ai eu de la chance d'arriver à puiser ce courage au plus profond de moi pour aller de l'avant. Ce n'était pas gagné il m'a fallu quatre ans pour me sentir mieux.

L'avortement

À Présent, je peux dire que je suis contre l'avortement. C'est mon opinion. En 2012, j'aurais dû m'écouter et ne pas écouter les autres. J'aurais pris la décision de continuer ma grossesse. Dans ma tête, je savais que c'était Dieu qui nous donnait cet enfant. Nous avons tellement eu de disputes avec mon mari. Je me sentais coupable vis à vis de ma grande fille Lou si je lui faisais subir cela. J'aurais dû prendre soin d'un enfant handicapé mais je suis sûre que cela nous aurait enrichis. Je l'aurais aimé de tout mon cœur. J'aurais pu faire comprendre à ma fille et mon mari ce que c'est d'être différent et leur montrer cette richesse. On ne saura jamais ce que cet enfant nous aurait apporté.

Pour ma part, je sais que j'aurais dû accepter ce cadeau et ne pas décider d'y mettre fin.

Je suis apaisée aujourd'hui parce que j'ai pu demander pardon et à présent, je me sens pardonnée.

Mon couple en 2017

Présent, je sais que l'homme et la femme sont différents par rapport au deuil. J'ai eu besoin tout de suite de parler de notre enfant pour que le sujet ne soit pas tabou. Je voulais que les gens se sentent libres de nous poser des questions à tout moment. Pour mon mari, ce ne fut pas le cas, le sujet était tabou, cela l'irritait et il nous a fallu beaucoup de temps pour que nous puissions en parler librement. Il avait sûrement honte.

Mon mari commence enfin à parler de notre fils et cela me fait du bien. Je me dis qu'il n'a pas oublié et qu'Andreas a enfin sa place. Cela fait du bien d'oser en parler et de ne pas devoir regarder sur l'autre. Cela n'a pas toujours été le cas, il a fallu du temps.

Ma fille Lou

Encore maintenant, on peut ressentir cette fissure entre nous. J'aimerais tellement pouvoir retrouver ma petite fille avant 2012. J'essaie de mettre tout en œuvre, il nous faudra du temps. Je veux qu'elle sache que je l'aime, que je n'ai jamais cessé de l'aimer, et que c'est grâce à elle que j'ai tenu bon.

Pour elle, cela n'a pas été facile de comprendre qu'elle a eu un petit frère quand elle n'a pas pu le voir ni le toucher.

Ensuite, il y a eu l'arrivée de sa petite sœur. Elle s'est sûrement sentie mise de côté. C'est tellement difficile en tant que maman de voir nos erreurs et personne ne nous le dit. On ne voit pas que l'on fait de travers.

J'espère un jour la retrouver heureuse. Parfois, je la trouve déprimée et cela m'inquiète car elle n'a que six ans. Il faut qu'elle puisse se sentir mieux.

La perte d'un enfant chamboule tout dans la famille. C'est difficile de comprendre ce que ma fille ressent. Je pense que depuis mon séjour à l'hôpital de Berne, elle s'est sentie délaissée.

A nous de faire en sorte que notre fille puisse se libérer de ce poids qu'elle traîne, le chemin sera long mais pas impossible.

Pour vous les mamans anges

Chères mamans anges,

J'ai une pensée pour vous toutes, qui êtes aussi passées par là. Vous connaissez le vide que l'on ressent. Cette blessure au plus profond de nous ne s'enlèvera jamais. Je suis contente d'avoir pu mettre sur papier mon vécu. Je souhaite que vous arriviez aussi à vivre mieux, même si on sait que rien ne sera pareil. Je termine ce livre avec une immense pensée pour une très chère amie, qui vient de faire une fausse couche. Quand on a vécu ce drame, on espère ne pas voir une amie en souffrir aussi un jour. Je l'embrasse tendrement.

Je vous envoie plein de belles pensées pour la suite de votre chemin.

Merci de m'avoir lue.

Pour les mamans sur ce chemin

Vous les femmes qui doivent prendre une telle décision, j'espère ne pas vous avoir choquées mais je devais écrire mon ressenti sur le sujet. Il faut que vous sachiez ce qui vous attend vraiment.

Je vous envoie de la force pour que vous puissiez prendre la meilleure décision. Et prenez le temps de la prendre. Cela n'est pas évident mais on ressent au fond de son cœur ce que l'on doit décider.

Conclusion

Cela fait bientôt cinq ans que notre fils est parti et il n'y a pas eu une seule journée où je n'ai pas pensé à lui. Je dois vivre sans lui, je ne l'oublie pas bien au contraire mais ma douleur s'est atténuée.

Voilà, mon récit se termine ici, il me reste encore du chemin à parcourir pour soigner tous les maux qui sont encore dans notre famille.

Continuer d'avancer sans regarder derrière et regarder devant en améliorant ce qui doit l'être.

Je vous remercie de m'avoir lue et je vous souhaite un beau chemin de vie.

Si vous avez des réactions, n'hésitez pas à m'écrire à cette adresse mail :

natetoile@gmail.com Ou sur Facebook sur ma page Natacha auteur

Il n'y a pas de mots (Lynda Lemay)

Quand on perd ses parents, on s'appelle orphelin
Quand on perd son épouse, alors on s'appelle veuf
Quand on perd sa jeunesse, bien entendu, c'est vieux
que l'on devient
Mais quand on perd son gamin, n'y a pas de mot

Il n'y a pas de nom pour décrire le père
Celui qui borde son garçon au cimetière
Jamais un seul poète, un seul pasteur, jamais un seul
auteur
N'a eu assez de lettres pour tant de douleur

Quand on perd la raison, bien sûr on s'appelle fou
Et puis on s'appelle pauvre à perdre trop de sous
Quand on perd la mémoire, tout de suite on est
qualifié d'amnésique
Mais y a des choses qu'aucun mot n'explique

On aura beau fouiller les plus vieux dictionnaires
Posséder le plus vaste des vocabulaires
Décortiquer Baudelaire, jusque sous terre,
Jusqu'à son dernier vers

Il n'y a pas de mot, pas de manière

D'appeler le parent d'un enfant qui n'est plus
Il n'y a pas de mot pour ça qui soit connu
Quand on perd ses parents, on s'appelle orphelin
Quand on perd son mari, alors on s'appelle veuve
Quand on perd son petit, c'est évident, il n'y a pas de mot
Pourtant y en a des mots qui nous émeuvent
Mais là, y en a aucun, y a vraiment rien à dire
On ne sait même plus trop si on a le droit de vivre
Mais bon on vit quand même, on vit tout simplement pour ne pas crever
On rit pour ne pas pleurer des flots sans rive

Oui, on vit parce que lui, il ne pourra plus le faire
On vit parce qu'on se dit que sans doute, il en serait fier
Quand on sauve un enfant, on s'appelle héros
Mais quand on en perd un, y a pas de mot
Pas de mot

Adresse utile

J'ai choisi de vous présenter une association active en Suisse romande qui vienne en aide à des personnes qui se trouvent dans la même situation que j'ai vécue.

Agapa Suisse-Romande

En parler c'est avancer…

Vous êtes concerné(e) par un problème lié à une perte de grossesse, un deuil périnatal, de la maltraitance, de la survivance ?

AGAPA

- vous accueille

- vous écoute et vous accompagne

- permet de vous informer, rencontrer et partager

- vous apporte de la documentation et sensibilisation

- soutient les professionnels dans leur mission d'accompagnement

info@agapa-suisseromande.ch

Remerciements

Merci à toi Sarah ma belle-sœur de m'avoir si bien accompagnée et d'avoir su comprendre à chaque instant ce que je vivais.

Merci à mon mari d'avoir su respecter mes choix.

Merci infiniment à ma famille et ma belle-famille de m'avoir soutenue dans ces moments douloureux. J'en suis sortie grandie.

Merci aux sages-femmes de la Lindenhof Spital de m'avoir si bien soutenue durant mon séjour chez vous.

Merci spécialement à Lisa qui n'a rien lâché et tout donné de sa personne afin de m'aider. Vous avez été incroyable.

Merci Christine pour vos soins à la maison et les conseils que vous m'avez donnés.

Merci à Sylvia et Jeannot de m'avoir accompagnée durant mon chemin sur la voie du pardon. Merci de faire partie de notre vie et merci pour tous ces échanges.

Merci à tous mes amis et connaissances pour toutes les paroles, fleurs durant mon deuil. Merci pour votre soutien qui m'a fait du bien.

Merci à Joe pour le dessin de couverture, tu as su m'écouter et refaire le dessin que j'avais mis dans la boîte avec mon petit.

Merci Sarah tu as été la première à lire ce livre et j'en suis ravie. Merci pour ta correction.

Merci à ma cousine Claude d'avoir pris le temps de le corriger et d'avoir pu m'éclairer sur ce qu'il y manquait.

Merci à mon témoin de mariage Nano pour ta correction et ton écoute tout au long de ce parcours.